AF559041
www.entdecke.de

Entdecke die Biber

Uli Meßlinger

Titelbild: Der Biber kehrt zurück!
Rückseite: Biber muss man einfach mögen!
Seite 1: Wasser ist das wahre Element ...
Seite 2/3: ... des Bibers

4. aktualisierte Auflage 2025

ISBN: 978-3-86659-395-4

An der Kleimannbrücke 39/41
48157 Münster
Tel.: 0251-13339-0, Fax: 0251-13339-33
E-Mail: verlag@ms-verlag.de
Home: www.ms-verlag.de
Geschäftsführung: Matthias Schmidt
Layout: Isabell Büchter
Lektorat u. Bildredaktion: Kriton Kunz
Druck: Drusala, Dobrá

Herzlichen Dank an Christof Angst (Biberfachstelle der Schweiz), Horst Schwemmer und Gerhard Schwab (Bibermanager für Bayern) sowie Alicia Leow-Dyke (Welsh Beaver Project Officer for North Wales Wildlife Trust) für wertvolle Hinweise zum Text

Titelbild: Arco Digital Images: C. Kutschenreiter
Rückseite: Arco Digital Images: Ingo Arndt
Vorsatz: Wildlife: Arndt, S.E./junior@wildlife

Arco Digital Images
S.1: C. Kutschenreiter
S.4 unten: C. Kutschenreiter
S.4/5: Michaela Walch
S.8/9: Volker Lautenbach
S.9 unten links: C. Kutschenreiter
S.9 unten rechts: C. Kutschenreiter
S.10 oben: Michael Quinton
S.10 unten: Jim Brandenburg
S.11 oben: Konrad Wothe
S.11 unten: C. Kutschenreiter
S.12/13: Michaela Walch
S.13 oben: C. Kutschenreiter
S.14/15: H. Schulz
S.15 oben: R. Siegel
S.16 oben: C. Kutschenreiter
S.18/19: Wild Wonders of Europe/López
S.18 unten links: Martin Gabriel
S.20/21: Wilfried Martin
S.20 oben links: Vincent Munier
S.20 oben rechts: C. Kutschenreiter
S.21 unten links: C. Kutschenreiter
S.21 unten rechts: Laurent Geslin
S.24/25: C. Kutschenreiter
S.24 unten: C. Kutschenreiter
S.26 oben: Thomas Sbampato
S.26 unten: Philippe Clement
S.27 oben: G. Kraus
S.27 Mitte: R. Erl
S.28/29: Hiroya Minakuchi
S.34 oben: E. Baccega
S.38 u: Jelger Herder/Buiten-beeld
S.39 Zwergtaucher: David Pattyn
S.41 Mitte: Franz Wögerer
S.44/45: C. Kutschenreiter
S.48/49: C. Kutschenreiter
S.50: Michaela Walch
S.51 unten: Bjorn Ullhagen
S.52/53: Heinz Hudelist
S.54/55: P. Henry
S.54 oben: W. Musterer
S.55 oben: O. Diez
S.56/57: C. Kutschenreiter
S.59 unten: C. Kutschenreiter
S.64 unten: Volker Lautenbach

shutterstock
S.17 unten: Jody Ann
S.23 unten: Misunseo
S.30/31: Labusova Olga
S.35 oben: Eric Isselee
S.35 unten: Purino
S.45 oben: Picsfive
S.49 oben: kirillov alexey
S.51 oben: symbiot
S.55 Mitte: rodimov
S.58 oben: vidguten
S.60/61: Patrizio Martorana

Thinkstock Images
S.2/3: bgsmith
S.4 oben: Musat
S.6 oben: The_Pixel
S.9 oben: toxawww
S.16/17: jpavlish
S.28 oben: yuriz
S.32: zokru
S.33 oben: GlobalP
S.33 unten: abzerit
S.34 unten: GlobalP
S.38/39: juliannafunk
S.40 oben: attilasimon
S.40/41: robertcicchetti
S.41 unten: phalder
S.42/43: Mr_Twister
S.42: Heiko119
S.43 unten links: hanmon
S.43 unten rechts: aamorim
S.46/47: BananaStock
S.49 unten: andyKRAKOVSKI
S.63: Anna39

WILDLIFE Bildagentur GmbH
S.24 oben: Minden Pictures/juniorse
S.24 Mitte: Giel, O./Juniors
S.56 oben: A.Mertiny
S.57 oben: A.Mertiny
S.58 unten links: N.Benvie
S.58 unten rechts: A.Mertiny

Uli Meßlinger:
S.6 unten, S.7 unten, S.18 unten rechts, S.22 unten, S.23 unten, S.31 oben, S.31 unten, S.36/37, S.39 Nr 1,3+4, S.41 oben, S.43 oben, S.52 oben, S.61 unten

Duncan Halley
S.7 oben

Inhaltsverzeichnis

Es gibt zwei Biber-Arten. Hier siehst Du den Kanadischen Biber.

Willkommen in der Welt der Biber!

Biber gibt es seit etwa 15 Millionen Jahren, ihre Vorfahren noch weit länger. Fast in allen Bächen, Flüssen und Seen der Nordhalbkugel waren sie ursprünglich zu Hause – bis sie wegen ihres warmen Pelzes und leckeren Fleisches nahezu ausgerottet wurden. Über einen Zeitraum von gut 100 Jahren fehlten Biber dann fast überall in Europa. Auch in Nordamerika waren ganze Regionen lange Zeit ohne Biber. Aber jetzt kommt „Meister Bockert", wie der Biber im Volksmund genannt wird, endlich wieder zurück! Auf breiter Front erobert er Bach für Bach, Fluss für Fluss und See für See. Er baut Dämme und Burgen, nagt an Büschen und Bäumen und manchmal auch an Pflanzen, die wir eigentlich selbst ernten möchten. Nicht jeder freut sich deshalb über die Rückkehr des Bibers, viel geschimpft wird über ihn. Auch weil die meisten Menschen viel zu wenig über diesen kräftigen Nager wissen, etwa dass er enorm wichtig ist für unsere Landschaft und unverzichtbar für die Natur an Gewässern.

Wenn sich Biologen oder Fotografen intensiv mit einer Biberfamilie beschäftigen, können die Tiere sehr zutraulich werden

Deshalb möchte ich Dir die sympathischen, fleißigen Biber jetzt genauer vorstellen, nämlich vor allem unseren heimischen Europäischen oder Eurasischen Biber, aber auch den nah verwandten Amerikanischen oder Kanadischen Biber. Du kannst alles auch gerne weitererzählen. Denn alle, die über so ein wichtiges Tier reden oder schimpfen, sollten erst einmal darüber Bescheid wissen.

Wo und wie leben Biber? Wie sind sie dafür von der Natur ausgestattet worden? Was bringen sie für uns Menschen und unsere Umwelt? Komm mit auf eine spannende Entdeckungsreise in die Welt der Biber!

Riesig!

Vorfahren der heutigen Biber lebten schon vor vielen Millionen Jahren. Noch bis vor 10 000 Jahren gab es in Nordamerika sogar eine Art, die gewaltige Ausmaße erreichte: Der Riesenbiber wurde zweieinhalb Meter lang!

Der Europäische Biber ist das größte Nagetier Europas. Er kommt auch im deutschsprachigen Raum vor, also in Deutschland, Österreich und der Schweiz.

Rund um den Globus

Die meisten Tierarten leben nur auf einem kleinen Teil unserer Erde. Löwen würdest Du sicher in Afrika suchen, Eisbären in der Arktis und Kängurus – na klar, in Australien.

Beim Biber ist das anders. Er besiedelt fast die gesamte Nordhalbkugel der Erde, ein riesiges Gebiet! Allerdings gibt es nicht nur eine Art, sondern zwei, und die teilen sich diese riesige Region: Der Amerikanische Biber (auch Kanadischer Biber genannt) lebt in Nordamerika, der Europäische Biber in Europa und Asien. Deshalb wird er manchmal auch Eurasischer Biber genannt. Beide Arten sind einander äußerlich sehr ähnlich und führen auch eine vergleichbare Lebensweise.

links: Verbreitungsgebiet des Amerikanischen oder Kanadischen Bibers rechts: Verbreitungsgebiet des Europäischen Bibers

Einst gab es weltweit insgesamt weit über 100 Millionen Biber, bis Jäger sie zurückdrängten und in vielen Gebieten ausrotteten.

Ganz schön heiß!

Früher lebten Biber sogar im Nildelta, also im nördlichsten Teil Afrikas. Ziemlich warm geworden muss es ihnen dort sein! Ob sie deswegen heute keine Afrikaner mehr sind? Den „Afrikanischen Wüstenbiber" gibt es übrigens nur als Gag im Internet.

Wenn Biber so weit verbreitet waren und heute wieder sind, hat das gute Gründe. Genauso wie wir Menschen ist auch Meister Bockert besonders anpassungsfähig und kann sich in äußerst verschiedenen Landschaften passenden Lebensraum schaffen. Er lebt in schmalen, schattigen Waldbächen genauso wie in den sonnigen Auen großer Ströme. In eiskalten nordischen Seen fühlt er sich wohl und auch warme Flussmündungen am Mittel-

An solchen Gewässern fühlen sich Biber wohl, ob nun in Nordamerika oder Europa und Asien

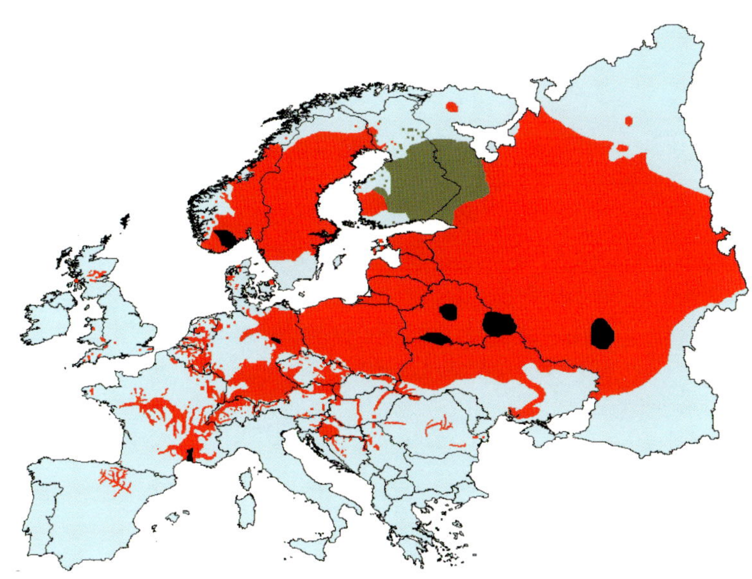

Die roten Flächen zeigen die aktuelle Verbreitung des Bibers in Europa.
Die schwarzen Flächen zeigen die winzigen Gebiete, in denen um das Jahr 1900 noch etwa 1 000 bis 2 000 Biber die Verfolgung durch den Menschen überlebt hatten. Dank Schutzmaßnahmen und Wiederansiedlungsprojekten gibt es heute wieder rund eineinhalb Millionen Biber in Europa.
Die olivgrüne Fläche stellt die Verbreitung ausgebrochener oder ausgesetzter Kanadischer Biber in Finnland dar.

meer kann er besiedeln. Dort meidet er selbst Brackwasser nicht, die Zonen also, wo sich Süß- und Salzwasser mischen. Notfalls schwimmen Biber sogar dutzende Kilometer durchs Meer, um in steilen Küstengebirgen geeignete Bachtälchen zu finden. Dabei sind sie gute Kletterer und erreichen selbst abgelegene Gebirgstäler. Aber auch mit einem Abflussgraben direkt an der Autobahn gibt sich ein Biber zur Not zufrieden.

Dass Biber so weit verbreitet waren, liegt auch an der ausgleichenden Wirkung des Wassers auf die Körpertemperatur. Außerdem wirken Biberburgen und Biberbaue im Sommer kühlend, im Winter dagegen halten sie warm. Erst weit im Norden und im Süden werden die Temperaturen selbst für Biber zu extrem.

Der Natur ins Handwerk gepfuscht

In Feuerland, also an der Südspitze Südamerikas, wurden Biber als Pelztiere künstlich angesiedelt. Dort sind die Bäume aber nicht daran angepasst, mit dem Biber zu leben, denn es gab ihn ja von Natur aus dort nicht. Umgebissene Bäume treiben deshalb nicht mehr aus, in ganzen Tälern stirbt der Wald ab. Oft ist es eben ein riesiger Fehler, wenn Menschen der Natur ins Handwerk pfuschen!

Auch dieser eiskalte See in Norwegen ist ein hervorragender Lebensraum für Biber

Fürs Wasser gemacht

Beim Schwimmen hast Du Dich sicher schon oft darüber geärgert, dass Du lediglich schwerfällig vorankommst. Wir Menschen sind für das nasse Element einfach nur mäßig geeignet. Völlig anders ist das beim Biber. Mühelos gleitet er durchs Wasser, elegant und lautlos. Sein ganzer Körper ist komplett darauf ausgerichtet: Er ist torpedoförmig gebaut, Ohren und Vorderbeine kann er eng anlegen. Sein dichter Pelz bietet wie eine glatte Haut dem Wasser kaum Widerstand. Bis zu 23 000 Haare pro Quadratzentimeter wärmen auch im kältesten Wasser. Zum Vergleich: Auf unserem Kopf wachsen gerade mal 300 oder höchstens 600 Haare pro Quadratzentimeter. Zudem besteht der Biberpelz aus zwei Schichten: Die oberen Grannenhaare schützen die darunter liegenden Wollhaare davor, nass zu werden. Die dichten Wollhaare können dadurch beim Tauchen Luft im Fell halten. Das wirkt wie eine Isolierung, sodass die Kälte nicht bis zur Haut des Bibers durchdringt. Eingefettet mit einem Drüsensekret namens Bibergeil wird das Biberfell zudem fast wasserdicht.

Biber sind elegante, kraftvolle Schwimmer

Nur keine Eile!

Ein menschlicher Spitzensportler erreicht im Wasser eine Geschwindigkeit von bis zu 7 Kilometern pro Stunde. Mit einer Geschwindigkeit von 4 bis 10 Kilometern pro Stunde schwimmen Biber zwar kaum schneller als wir Menschen, dafür aber spielend und scheinbar ohne jeden Krafteinsatz. Schneller brauchen sie nicht zu sein – im Notfall hilft Abtauchen besser.

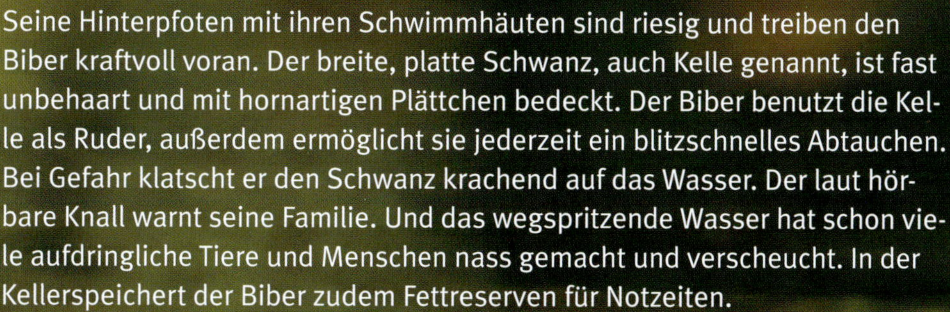

Seine Hinterpfoten mit ihren Schwimmhäuten sind riesig und treiben den Biber kraftvoll voran. Der breite, platte Schwanz, auch Kelle genannt, ist fast unbehaart und mit hornartigen Plättchen bedeckt. Der Biber benutzt die Kelle als Ruder, außerdem ermöglicht sie jederzeit ein blitzschnelles Abtauchen. Bei Gefahr klatscht er den Schwanz krachend auf das Wasser. Der laut hörbare Knall warnt seine Familie. Und das wegspritzende Wasser hat schon viele aufdringliche Tiere und Menschen nass gemacht und verscheucht. In der Kellerspeichert der Biber zudem Fettreserven für Notzeiten.

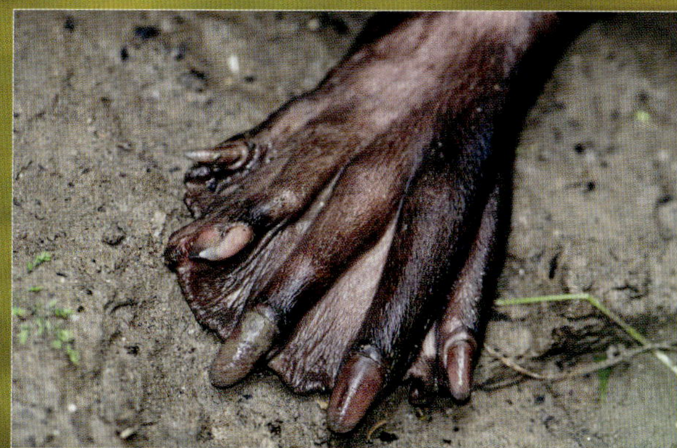

Schwimmhäute an den Hinterfüßen erleichtern dem Biber die Fortbewegung im Wasser

Die Kelle, der flache Schwanz des Bibers, dient gleich mehreren Zwecken

Dieser Kanadische Biber warnt Artgenossen vor einer drohenden Gefahr, indem er vor dem Abtauchen seinen Schwanz krachend aufs Wasser klatschen lässt

Tempo, Tempo!

Viel schneller als Biber müssen Wasserbewohner sein, die tierische Beute machen wollen: Forellen bringen es auf 35 Kilometer pro Stunde (Abkürzung: km/h), Delphine auf 46 km/h, manche Haie schaffen über 60 km/h. Einsame Spitzenreiter sind Schwertfische: Mit 90 km/h hängen sie sogar die meisten Schnellboote locker ab.

Biber sind hervorragende Taucher. Ohren und Nasenlöcher verschließen sie unter Wasser einfach. Wie lange kannst Du die Luft anhalten? Nach einer Minute geht Dir sicher die Puste aus. Für Biber dagegen ist es kein Problem, fünf Minuten untergetaucht zu bleiben! Bei Gefahr können sie sogar mehr als eine Viertelstunde lang abtauchen. Dabei fahren sie sämtliche Körperfunktionen auf ein absolutes Minimum herunter, um Energie zu sparen. Ihr perfekter Geruchs-, Orientierungs- und Tastsinn lässt sie selbst in trübem Wasser sicher zu ihren Nahrungsvorräten und zurück zum Eingang ihres Baus finden.

Ohren und Nasenlöcher verschließen Biber unter Wasser. Da sie auch ihr Maul hinter den Nagezähnen schließen können, sind sie sogar dazu in der Lage, unter Wasser zu nagen.

Hier siehst Du, wie ein Kanadischer Biber geschickt Schwimmhäute und Kelle einsetzt

Wenn Biber aus dem Wasser herausklettern wollen, stellen sie sich dabei keinesfalls plump an. Selbst steile, schlammige Ufer kommen sie mühelos hoch. Scharfe Krallen an den Vorder- und Hinterpfoten helfen ihnen dabei. Auf der Suche nach schmackhafter Nahrung kraxeln sie sogar steile Hänge empor, die Du selbst kaum gefahrlos bewältigen könntest.

Ganz schön groß!

Den Schwanz mitgerechnet, kann ein Europäischer Biber bis zu 1,35 Meter lang werden. So ein Prachtexemplar wiegt dann gut und gerne 30 Kilogramm.

Jeden Tag ist Veggie-Tag

„Biber fressen Fische" – so behaupten manche. Was für ein Unsinn! Denn Biber sind reine Vegetarier, eigentlich sogar Veganer: Sie fressen ausschließlich pflanzliche Kost. Aber viele Pflanzen sind schwer verdaulich. Biber schaffen es trotzdem, genügend Nährstoffe herauszuholen. Dazu brauchen sie jedoch Helfer: Ähnlich wie bei Kühen, Ziegen oder Kaninchen leben auch im Verdauungstrakt des Bibers Millionen von Bakterien, die widerspenstige Pflanzenzellen „knacken" und dabei Zucker und Eiweißstoffe freisetzen. Diese kann der Biber dann über den Darm aufnehmen. Um die Nahrung möglichst gut zu nutzen, wird der Kot übrigens nochmals gefressen. Auch Hasen und Meerschweinchen machen das so.

Beim Fressen wählen Biber aus einem langen Speisezettel von mehreren Hundert verschiedenen Pflanzenarten. Dieser Speisezettel ändert sich je nach Jahreszeit. Im Frühjahr und Sommer finden Biber einen reich gedeckten Tisch aus frischen Gräsern, schmackhaften Kräutern und jungen Austrieben von Sträuchern und Bäumen vor. Auch energiereiche Nutzpflanzen mögen sie gerne.

Die Saison-Speisekarte des Bibers

Frühjahr: Endlich frische Kräuter und Gras!
Sommer: Alles geboten im Schlaraffenland!
Herbst: Süße Früchte naschen!
Winter: Rinde, Rinde und nochmals Rinde ...

Gräser und Blätter schmecken lecker!

Wenn Landwirte Möhren, Sellerie oder Mais in einem Biberrevier zu nahe am Wasser anbauen, dann bekommen sie nachts fast sicher ungebetenen Biberbesuch.

Im Herbst und Winter dagegen, wenn Kräuter und Stauden absterben, wird es mühsamer. Besonders beliebt sind dann Knospen und die Rinde junger Triebe von Weiden und Pappeln. Diese sind leichter verdaulich – aber wie kommt man als Biber dran? An natürlichen Flussufern ist das kein Problem, denn dort wachsen massenweise junge Gehölze. Aber wo wir Menschen die Flüsse begradigt haben, gibt es oft keine Büsche mehr und nur noch wenige Bäume. Weil die Biber nicht klettern können, müssen sie diese Bäume fällen. Was manchen Menschen dann auch wieder nicht gefällt.

Aber zum Glück eignen sich die scharfen Biberklauen zudem zum Ausgraben von Wurzeln und Knollen. So finden unsere Biber fast das ganze Jahr über genügend Nahrung.

Baumrinde ist vor allem in der kalten Jahreszeit als Nahrungsquelle wichtig

Hier schwimmt das Weihnachtsmenü

Biber transportieren ihre Nahrung am liebsten schwimmend, denn der Auftrieb des Wassers macht alle Materialien sehr viel leichter. Sie brauchen dann also viel weniger Kraftaufwand. Besonders wichtig ist das bei ihrer Winternahrung, nämlich schweren Ästen und sogar Baumstämmen. Aber gerade im Winter sind Bäche und Teiche oft zugefroren – Schwimmtransporte funktionieren also nicht. Und die Ausgänge der Biberburgen liegen dann unter dem Eis. Also wie an die Nahrung herankommen?

Im Winter ist das Nahrungsangebot knapp

Solange es geht, transportieren Biber ihre Nahrung am liebsten im Wasser. Für den Winter legen sie auf diese Weise frühzeitig Nahrungsreserven an.

Sind die Nahrungsvorräte aufgebraucht, müssen Biber auch im Winter wohl oder übel Äste heranschleppen

Auch dafür haben unsere Nager eine Lösung gefunden: Wenn die Tage kürzer und die Nächte kälter werden, beginnen sie, Vorräte anzulegen. Dazu „ernten" sie Äste und Zweige mit schmackhafter Rinde und schleppen sie ins Wasser. Direkt vor ihrer Burg legen sie das Material dann im tiefen Wasser ab. Nacht für Nacht schleppen sie jetzt weitere Äste an und stapeln sie über- und nebeneinander. So entsteht ein „Nahrungsfloß". Im Wasser liegend, bleibt die Nahrung monatelang frisch.

Unterwasserarbeiter

Biber können unter Wasser nagen, ohne dass sie dabei Wasser schlucken. Sie verschließen einfach den Mundbereich hinter den Nagezähnen mit einer Hautfalte. Ganz schön ausgebufft, die Kerle, oder?

In der Burg ist der Biber vor der eisigen Witterung geschützt und kann dort in Ruhe fressen

Der Trick dabei: Auch bei starkem Frost können die Biber mühelos zu diesem Nahrungsfloß tauchen – unter dem Eis. Dort beißen sie sich eine Mahlzeit ab, ziehen sie in die Burg und verzehren sie hier in aller Ruhe. Das Nahrungsfloß ist also so etwas wie ein gefüllter Kühlschrank.

Von ihm profitieren übrigens nicht nur die Biber selbst: Im dichten Gewirr der Zweige finden Fische geschützte Plätze zum Ablegen ihrer Eier, für Jungfische bilden die Flöße perfekte Verstecke. Und obendrauf bauen nicht selten Wasservögel ihre Nester, Libellen, Reiher und Eisvögel warten auf Beute.

Biber legen jeden Herbst neue Nahrungsflöße an. Die alten, nicht leer gefressenen Flöße zerfallen erst nach und nach und bleiben jahrelang für andere Tiere als Versteck, Sitzplatz und Lebensraum erhalten.

Der Winter macht es Bibern nicht leicht, aber die Überlebenskünstler kommen trotzdem zurecht

Bäume fällen mit Hochleistungszähnen

Biber fällen Bäume – aber nicht zum Spaß! Im vorigen Kapitel hast Du schon gelesen, dass Biber viel leichter an ihre Nahrung kommen, wenn sie an Sträuchern knabbern können. Aber diesen natürlichen Uferbewuchs haben ja wir Menschen weitgehend zerstört. Was bleibt dem Biber also anderes übrig, als mit viel höherem Aufwand Bäume zu fällen, indem er sie sanduhrförmig so lange beknabbert, bis sie umstürzen?

Selbst an so starke Stämme wagen sich Biber heran

Es ist geschafft: Die harten Biberzähne haben den Baum gefällt

Nicht immer müsste er das zwingend tun – und macht es trotzdem. Warum er sich auch an besonders große und harte Bäume wagt, wissen wir nicht. Vielleicht weil er nicht jeden Tag das Gleiche fressen möchte. Wenn er will, kann er jedenfalls erstaunlich fest zubeißen und bis über einen Meter dicke Bäume fällen. Wochenlang kann das dauern. Schwächere Stämme bis zu 10 Zentimeter Stärke, bei weichem Holz sogar bis zu 30 Zentimeter, schafft er sogar locker in nur einer Nacht.

Aus der Luft ist zu erkennen, wie viele Stämme eine Biberfamilie im Lauf der Zeit fällen kann

Hier siehst Du die Nagezähne im Einsatz

Solche Spuren verraten, dass hier keine menschlichen Holzfäller am Werk waren

Ist der Baum erst einmal gestürzt, kommen die Biber leicht an das leckere Laub und die zarte Rinde der Zweige

Biber sind aber nicht nur Tiere fürs Grobe. Die großen Bäume werden ja nur gefällt, um an die jungen, schmackhaften Zweige heranzukommen. Um wenige Millimeter feine Ästchen zu schälen, braucht es dann viel Fingerfertigkeit in den Vorderpfoten. Die benutzen Biber wie Du Deine Hände. Sie halten die Ästchen fest, drehen und wenden sie und schieben sie weiter, während die Zähne daran knabbern. Biber haben übrigens so viel Gefühl in den „Händen", dass die sogar Erdnüsse schälen können.

Beim ständigen Holzfällen und dem Zerkleinern der harten Rinde werden die Zähne ganz schön mitgenommen und nutzen sich schnell ab. Deshalb wachsen die Schneidezähne der Biber unaufhörlich nach, und zwar lebenslang. Beim Nagen schärfen sich die Schneidezähne übrigens selbst. Innen sind sie weicher und nutzen sich dort deshalb schneller ab als der harte, eisenhaltige Zahnschmelz an der Vorderseite. Das Ergebnis ist eine immer rasiermesserscharfe Kante, der keine Baumart im Biberrevier standhalten kann. Übrigens färbt das Eisen im Zahnschmelz die Zähne rötlich.

Die Nagezähne wachsen das ganze Leben nach und schärfen sich ständig selbst

Bei diesem Biberschädel siehst Du, dass die Vorderseite der Nagezähne durch Eisen im Zahnschmelz orangerot gefärbt ist. Sie ist viel härter als die Hinterseite.

Zu Besuch im Hause Biber

Biber halten keinen Winterschlaf. Bei Nässe und Frost draußen am Wasser den langen Winter zu überstehen, das ist jedoch sehr hart! Verständlich, dass sich die Biber dazu ein schützendes Heim bauen, wo sie sich eng aneinanderkuscheln können.

Am einfachsten lässt es sich an steilen Uferböschungen bauen, falls der Boden dort nicht zu fest oder zu steinig ist. Hier graben Biber mehrere Meter lange Röhren. Am Ende liegt das warme und trockene „Wohnzimmer", der sogenannte Kessel. Er wird immer wieder mit frischen Holzspänen ausgelegt und peinlich sauber gehalten. Wächst die Familie, muss auch dieser Erdbau mitwachsen. Von innen wird er mit Zähnen und Klauen vergrößert, von außen erhält er ein Dach aus Ästen und Schlamm – Fachleute nennen ihn dann Mittelbau. Manchmal werden von einer Familie auch gleich zwei, drei Baue angelegt oder mehrere, miteinander verbundene Kessel.

Lebenslange Treue

Männchen und Weibchen sind einander ein Leben lang treu, bleiben also immer zusammen. Eine solche Lebensweise nennt man monogam.

In solch einer Burg aus Ästen, Zweigen, Schilf und ähnlichem Material wohnt Familie Biber

Wo der Untergrund zu steinig ist oder das Gelände zu flach, bauen Biber ihre typischen Burgen, auch Hochbaue genannt. Diese imposanten Gebilde werden bis zu 3 Meter hoch und über 10 Meter breit. Scheinbar sind es wirre Haufen aus Ästen, Wurzeln, Reisig, Laub, Schilf und vielem mehr, was Biber schleppen und verbauen können. Darunter befinden sich auch regelrechte Holzbalken: Selbst 10 oder 20 Kilogramm schwere und meterlange Stämme schaffen Biber problemlos heran und verkeilen sie ineinander. Fuchs oder Wolf haben keine Chance, sich durch diesen massiven Verbau zur fetten Beute durchzuarbeiten. Und um ihnen den Zugang gänzlich unmöglich zu machen, liegt der Eingang zu Bau oder Burg immer unter Wasser – das Wohnzimmer der Biber ist also nur tauchend zu erreichen. Fein verfugt mit Lehm und Schlamm, werden Biberburgen so stabil, dass sie selbst dann keinen Schaden nehmen, wenn Bär oder Elch darauf herumtrampeln.

Der Eingang zur Burg liegt unter Wasser. Die eigentliche Wohnkammer dagegen befindet sich oberhalb des Wasserspiegels.

Hier hat eine Biberfamilie ihren Erdbau erweitert und „überdacht". Man nennt das einen Mittelbau.

Die Jungen kuscheln sich an die wärmende Mutter

Fettreiche Milch, die Jungtiere auf diesem Foto trinken, lässt die Kleinen schnell heranwachsen

In der Burg kommen im Frühjahr auch die jungen Biber zur Welt, beim Europäischen Biber meistens ein bis vier pro Wurf. Kanadische Biber bekommen etwas mehr Junge, nämlich drei bis sechs pro Wurf. Die Jungen wiegen dann 300 bis 500 Gramm, also so viel wie drei bis fünf normale Tafeln Schokolade. Bereits bei der Geburt haben sie ein dichtes Fell und können sehen. Trotzdem bleiben sie vorsichtshalber einige Wochen im Bau, umsorgt von der Mutter. Die besonders fettreiche Milch ihrer Mutter lässt sie schnell wachsen. Aber schon in der zweiten Lebenswoche knabbern sie auch an Pflanzen herum.

In den folgenden Wochen üben sie noch im Bau das Schwimmen und Tauchen. Über einen Monat dauert es, bis die kleinen Biber unter Aufsicht von Vater- und Muttertier ins Freie dürfen. Manchmal lassen sie sich dabei bequem auf dem Rücken der Eltern tragen.

Erst nach einem Jahr können Jungbiber dicke Äste durchnagen. Und bis sie das Bäumefällen und das Bauen von Dämmen und Burgen richtig gut beherrschen, vergeht ein weiteres

Zwei Jahre bleiben die Jungen bei ihren Eltern. Für Nagetiere ist das ungewöhnlich lang.

Jahr. Dann beginnt für die jungen Biber der Ernst des Lebens, sie müssen das elterliche Revier verlassen. Sie wandern nun meist bis zu 25 Kilometer, manchmal aber auch bis zu 100 Kilometer weit, um ein eigenes Revier zu finden. Das ist die härteste Zeit im Leben der Biber, viele überleben sie nicht. Nur wenn sie in der „Biberschule" gut aufgepasst haben und ein eigenes Revier finden, können Biber mehr als zehn Jahre alt werden. In Zoos kommen sie manchmal sogar auf über 20 Jahre.

Wie Du gelesen hast, bleiben die Jungen rund zwei Jahre in der Burg. Wenn sie ein Jahr alt sind, bekommen die Eltern allerdings oft schon wieder Nachwuchs. Dann leben in der Burg die Alttiere und die Jungen aus zwei verschiedenen Jahren zusammen.

Ins kalte Wasser geworfen

Junge Biber müssen das Schwimmen zwar nicht lernen, denn die Fähigkeit dazu ist ihnen angeboren. Trotzdem haben sie anfangs Angst vor dem Wasser. Wenn sie groß genug dafür sind, stößt die Mutter sie aber einfach ins kalte Nass und zeigt ihnen so, dass sie sich davor nicht zu fürchten brauchen.

Die Bindung von Elterntieren und Nachwuchs ist sehr eng

Wasser, Marsch!

Wenn es stark regnet, steigen die Flüsse und Bäche und drohen die mühsam errichteten Burgen zu überfluten. Biber bauen aber clever! Fast immer haben ihre Dämme eine Schwachstelle. Diese bricht bei Hochwasser zuerst, sodass das überschüssige Wasser einfach abfließt und weder den ganzen Damm wegspülen noch die Burg überfluten kann.

Wasser: Stillgestanden!

Warum bauen Biber eigentlich Dämme? Der wichtigste Grund ist, dass der Wasserstand an der Burg immer gleich hoch bleiben soll. Denn wie Du schon weißt, muss aus Sicherheitsgründen der Eingang immer unter Wasser liegen. Das überlassen Biber nicht dem Zufall, sondern regeln den Wasserstand selbst – vor allem dazu dient der Damm.

Außerdem fühlen sich Biber im Wasser am sichersten. Im Tauchen sind sie unschlagbar und entkommen jedem Feind. Auch deswegen sorgen sie dafür, dass genügend tiefes Wasser da ist: Sie bauen einfach Dämme, die das Wasser aufstauen. Damit schaffen Biber selbst in kleinen Bächen große Teiche oder sogar Seen. Es gibt eigentlich keine Gewässer, die für Biber ungeeignet oder zu klein sind, auch wenn das manche Menschen meinen. Biber machen sich den Bach oder kleinen Fluss einfach passend.

Ein mächtiger Damm Kanadischer Biber staut das Wasser auf

Und noch eine dritte Bedeutung haben Dämme: Je höher der Wasserstand, desto mehr Nahrung können die Biber schwimmend erreichen – und umso mehr „geerntetes“ Holz kraftsparend auf dem Wasserweg herantransportieren.

Genau wie die Burg ist auch so ein Damm nicht einfach dahingeworfenes Astwerk. Nur am richtigen Platz, mit dem richtigen Material und einem stabilen Fundament wird ein Damm dicht und standhaft.

Die Größe der Dämme ist sehr unterschiedlich. Weil ihr Bau und das spätere Instandhalten harte Arbeit bedeuten, werden die Dämme immer nur so groß gebaut wie unbedingt nötig. Die meisten sind nur wenige Meter lang und kaum einen Meter hoch. Wenn es die Situation erfordert, schaffen Biber aber deutlich mehr. Dabei werden Höhen von mehr als 3 Metern und Dammlängen von weit mehr als 100 Metern erreicht. Der bisher größte Damm wurde in der Wildnis Kanadas entdeckt. Mit 850 Metern Länge ist er so lang wie acht Fußballfelder! Bei schneller fließenden Gewässern oder in steilem Gelände bauen Biber oft auch mehrere Dämme kurz hintereinander, manchmal mehr als ein Dutzend pro Biberrevier.

Große Dämme entstehen aber nicht über Nacht: Manche sind die Arbeit von Generationen von Bibern. Gut instandgehalten und repariert, halten sie dafür aber auch viele Jahre oder sogar Jahrzehnte.

oben: An Dämmen und Burgen gibt es immer etwas auszubessern

unten: Schlamm und kleine Pflanzenteile dienen dazu, alles miteinander zu verkitten und abzudichten

Nichts aus dem Baumarkt!

Biber bauen ihre Dämme aus allem, was sie im Revier finden und schleppen können: Baumstämme, Äste, Reisig, Pflanzenreste (sogar Maispflanzen) und Steine, dazu jede Menge Schlamm zum Abdichten.

Biber finden instinktiv die beste Stelle für ihren Damm

Gut geplant ist halb gewonnen!

Biber bauen ihre Dämme nicht einfach irgendwo. Instinktiv finden sie genau die richtige Stelle, um mit dem geringsten Aufwand möglichst lange Transportwege im beziehungsweise unter Wasser zu schaffen. Nur das zählt für sie. Manchmal reichen wenige Meter Damm, um Gewässer auf Hunderten von Metern zu stauen. Besonders gut funktioniert das dort, wo gerade zwei Gewässer zusammengeflossen sind. Und noch besser, wo wir Menschen Wälder oder Täler planmäßig entwässert haben. Hier machen die Biber einfach den Abfluss dicht – und schon haben sie ein ganzes Netz aus Wasserwegen.

Obwohl es den Bibern darum gar nicht geht, schaffen sie oft große Wasserflächen. In breiten Auen entstehen schon mal Seen von mehreren Hektar Größe. Meistens bleiben Biberteiche allerdings klein, manchmal nicht viel größer als ein Gartenteich. Wichtiger als die Größe ist die Tiefe der Biberteiche, damit selbst in kalten Wintern unter dem Eis genug Platz zum Tauchen bleibt. Schließlich müssen die Biber auch bei Frost Nahrung in die Burg holen und notfalls flüchten können. 60 Zentimeter Tiefe reichen dafür schon, nur vor dem Damm sind Biberteiche manchmal auch deutlich tiefer als einen Meter.

Manchmal legen Biber auch mehrere Dämme unmittelbar hintereinander an

Mit ihren Dämmen können Biber nicht alles Wasser aufstauen. Vieles davon fließt durch den Damm ab oder darüber hinweg. Die gestauten Bäche fallen also nicht trocken. Oft werden die Dämme auch seitlich umflossen, das Wasser wird also umgeleitet. So entstehen ganz natürlich völlig neue Bäche. Oder vorhandene Bäche teilen sich in mehrere Arme auf.

Wenn schon Teiche oder Tümpel vorhanden sind, geschieht genau das Gegenteil: Biber verbinden sie gerne durch Gräben. Aus zwei mach eins. Sie bauen im Kleinen also das Gleiche wie wir Menschen für unsere Lastkähne im Großen: Möglichst lange, ununterbrochene Transportkanäle, nur eben viel natürlicher.

Nebenbei verhindern Biber mit ihren Teichen auch, dass in heißen Sommern ganze Täler trockenfallen. Zumindest an den Biberdämmen bleiben dann Wasserflächen übrig, ein Segen für viele Wasserbewohner.

Biber sind ein Teil der Natur. Logisch, dass es damit auch „natürlich" ist, wenn Biber Dämme und Teiche bauen. An langweiligen, künstlich veränderten Gewässern bedeutet das, dass Biber sozusagen wieder reparieren, was wir Menschen angerichtet haben. Wo Biber solche „Unordnung" schaffen, kann viel neues Leben entstehen.

Supertaucher!

Biber sind hervorragende Taucher. Dabei geht es aber nicht tief unter Wasser, sondern meistens nur knapp unter die Wasseroberfläche. An aufsteigenden Luftblasen kannst Du erkennen, wo die Tiere gerade entlangtauchen. Strecken von 50 Metern schaffen sie locker, manchmal weit mehr.

Zutritt verboten, Herr Nachbar!

„Biber sind nette, kuschelige Tiere“ – so meinen wir. Aber sie können auch ganz anders! Ihre Lebensversicherung ist nämlich ein eigenes Revier, groß genug, damit es im Sommer wie im Winter genügend Nahrung für die ganze Familie liefert. Wenn Biber dieses Revier verteidigen müssen, können sie richtig brutal werden.

Aber der Reihe nach: Von Frühling bis Herbst gibt es viel und Vielfältiges zu fressen im Biberrevier. Erst im Winter wird es eng mit dem Speisezettel. Nur noch Rinde ist verfügbar, wenn sich Väterchen Frost übers Land legt. Falls die karge Winternahrung nicht ausreicht bis zum Frühjahr, muss die Biberfamilie verhungern. Deshalb besetzen Biber Reviere, in denen sie fremde Artgenossen nicht dulden. Als Grenzmarkierung häufeln sie kleine Hügel aus Schlamm und Pflanzen an und geben darauf ein stark riechendes Körpersekret ab, das sogenannte Castoreum. Diese „Dufthügel“ wirken für Nachbarn wie ein Stoppschild: „Vorsicht, bissiger Revierbesitzer!“

Wenn es darum geht, ein Revier zu verteidigen, können Biber auch mal rabiat werden

Die Biberreviere sind sehr unterschiedlich groß, je nach Nahrungsangebot. Wo schmackhafte Weiden und Pappeln an naturnahen Gewässern üppig wuchern, kann bereits weniger als ein Kilometer Bach für eine Biberfamilie ausreichen. Wo aber wir Menschen die meisten Gehölze gerodet haben, wird ein Biberrevier auch schon mal drei bis sechs Kilometer lang.

Ihre lebensnotwendigen Reviere verteidigen Biber mit Zähnen und Klauen. Eindringlingen machen sie notfalls ziemlich brutal klar, dass sie verschwinden sollen. Dabei kommt es regelmäßig zu schweren Verletzungen, an denen nicht wenige Biber sogar sterben.

Besonders hart ist die Situation für wandernde junge Biber, die sich erst ein eigenes Revier regelrecht erkämpfen müssen. Je dichter die Gewässer bereits besiedelt sind, desto weniger Jungbiber schaffen das. Am besten stehen die Chancen natürlich für die stärksten Jungtiere. Auf diese Weise s3orgen Biber auch dafür, dass sie nicht zu viele werden. Sie begrenzen ihren Bestand selbst, wir Menschen brauchen nicht einzugreifen.

An solchen vom Menschen begradigten Flüssen ohne Bäume und Sträucher muss ein Biber ein sehr großes Revier besetzen, wenn er und seine Familie satt werden wollen

In solch einem vielfältigen Lebensraum dagegen kann das Revier viel kleiner ausfallen

Sie haben ihn zum Fressen gern!

„Biber haben keine natürlichen Feinde mehr. Deshalb vermehren sie sich ungebremst – da muss der Mensch eingreifen und den Bestand regulieren.“ So oder ähnlich klingt es immer wieder, wenn sich Landwirte, Fischzüchter oder Politiker über den Biber beschweren.

Dass diese „übermäßige Vermehrung“ Unfug ist, haben wir bereits geklärt. Der Biberbestand vergrößert sich nur so lange, wie freie Reviere vorhanden sind. Nur Biber, die vom vorhandenen Nahrungsangebot satt werden, können überleben. Mehr Biber würden schlichtweg verhungern. Deshalb begrenzen sie ihren Bestand selbst, auch ohne uns.

Bären erbeuten auch schon mal einen Biber

Aber können nicht auch große Beutegreifer den Biberbestand unter Kontrolle halten? „Könnten", müssen wir sagen, denn Bär, Wolf und Luchs erging es ja noch viel schlechter als dem Biber: Sie wurden in Deutschland, Österreich und der Schweiz nicht nur fast, sondern restlos ausgerottet. Erst heute sind diese faszinierenden Tiere in Europa endlich wieder auf dem Vormarsch. Und wir haben gelernt, dass sie keinesfalls nur in abgelegener Wildnis leben können. Wenn wir Menschen (vor allem die Jäger unter uns) sie lassen, dann können diese beeindruckenden Großtiere auch ganz in unserer Nähe leben.

Würden sie dann auch Biber fressen? Natürlich versuchen sie das, denn Biber sind eine nahrhafte, lohnende Beute. Von einem erwachsenen Biber kann selbst ein ganzes Wolfsrudel fressen. Tatsächlich werden Biber denn auch immer wieder zur Beute vor allem von Wölfen, aber auch von Bär, Wolf, Luchs und manchmal sogar von Seeadler, Uhu oder großen Raubfischen.

Luchse sind ebenfalls Biberjäger

Meistens erwischen diese Fleischfresser allerdings nur junge oder halbwüchsige, noch unerfahrene Biber. Ausgewachsene Biber werden selten erbeutet, am ehesten schwache oder kranke Tiere. Gesunde Biber dagegen leben relativ sicher: Sie riechen mögliche Gegner schon von weitem und sind extrem schnell zurück im Wasser, wenn es sein muss. Und wenn sie nicht schnell genug waren, verschaffen sie sich mit ihrem gefährlichen Gebiss Respekt, selbst bei Wölfen.

Von einem ausgewachsenen Biber wird selbst ein ganzes Wolfsrudel satt

Wo Biber im selben Gebiet wie Bären und Wölfe leben, bauen sie ihre Burgen häufig als Insel mitten in den Bibersee und mit gleich mehreren Ein- und Ausgängen. So haben sie immer genügend Zeit zur Flucht, sollte sich doch mal ein Fressfeind schwimmend auf die Burg wagen.

Nirgends auf der Welt gibt es Beispiele dafür, dass Bär, Wolf und Luchs die Zahl der Biber, also den Biberbestand, wirklich beeinflussen. Auch dort nicht, wo es gleichzeitig besonders viele Biber und viele Wölfe gibt, etwa in Lettland oder Kanada. Das Fehlen der großen Beutegreifer ist also ein ganz schlechtes Argument für die Jagd auf Biber. Vor allem dann, wenn es von denen kommt, die nicht nur etwas gegen Biber haben, sondern auch gegen Bär, Wolf und Luchs.

Verwandte des Bibers

Biber sind unangefochten die größten Nagetiere Europas. Aber deshalb ist nicht jeder große Nager an unseren Gewässern gleich ein Biber. Du hast im nächsten Bach sicher schon mal einen Bisam gesehen, der auch Bisamratte genannt wird. Dieser Name ist eigentlich falsch, denn der Bisam gehört nicht zu den Ratten, sondern zu den Wühlmäusen.

Um das Jahr 1900 wurde der Bisam als Pelztier aus Nordamerika eingeführt. Seitdem hat er sich rasant über große Teile Europas und Asiens verbreitet. Teichwirten und Wasserbauern ist er ein großes Ärgernis, denn er gräbt Röhren in Dämme und Ufer. Du erkennst ihn an der viel geringeren Größe im Vergleich zum Biber – den Schwanz eingeschlossen, wird er nur 60 Zentimeter lang. Dementsprechend bringt er auch nur bis 1,8 Kilogramm auf die Waage. Außerdem ist sein Schwanz schmal und seitlich abgeplattet.

Der Bisam bleibt viel kleiner als ein Biber, und er hat keinen flachen, sondern einen seitlich abgeplatteten Schwanz

Die Nutria wird größer als ein Bisam, aber ihr Schwanz ist rund. Zusammen mit dem schneeweißen Schnauzhaar unterscheidet das diese Art auf den ersten Blick vom Biber.

Mit bis zu 1,10 Metern Gesamtlänge und 10 Kilogramm Gewicht schon deutlich größer ist die Nutria, auch Sumpfbiber oder Biberratte genannt. Ihr Schwanz ist kreisrund und leicht behaart. Die Ohren sind deutlich sichtbar. Auch die Nutria lebte ursprünglich nicht in Mitteleuropa. Wie der Bisam ist sie aus Pelzfarmen ausgebüxt und hat sich in wärmeren Gebieten Europas ausgebreitet. Dämme und Ufer durchlöchert sie noch weit stärker als Bisam und Biber. Nutrias können recht zahm werden und lassen sich in manchen Parks füttern wie Eichhörnchen.

Bis auf ihre Schwänze sehen sich die drei ziemlich ähnlich, vor allem Biber und Nutria. Deshalb kommt es immer wieder zu Verwechslungen. Viele vermeintliche „Biberfotos“ im Internet zeigen in Wirklichkeit Nutrias. Peinlich, wenn so ein Fehler gerade beim Schimpfen über die „bösen Biber“ passiert!

Kleinerer Cousin

Viel leichter als Biber sind übrigens Murmeltiere, die zweitgrößten Nagetiere in Europa. Sie wirken nur deshalb ähnlich groß wie Biber, weil sie im kalten Hochgebirge leben. Dort brauchen sie viel Winterspeck und molliges, dicht aufgeplustertes Fell, um den langen Winterschlaf unter Eis und Schnee zu überleben. Das lässt sie größer und schwerer aussehen, als sie in Wirklichkeit sind.

Wenn Du noch größere Nagetiere sehen willst als Biber, musst Du weit reisen. Bis nach Südamerika, in die natürliche Heimat der Nutrias und Meerschweinchen. Dort lebt an Gewässern im Amazonasgebiet das größte Nagetier der Welt. Es wird Wasserschwein genannt oder Capybara. Mit 60 Zentimetern Höhe und bis über 60 Kilogramm Gewicht ist es ein ganz schöner Brocken – und eine Lieblingsbeute des scheuen Dschungeljägers Jaguar.

Capybaras sind die größten Nagetiere der Welt

Sein Beruf: Naturschützer

Wir Menschen haben Europa in den letzten Jahrhunderten völlig verändert. Wo wir die Landschaft heute nicht mit Häusern, Industriebetrieben und Straßen zugebaut haben, wird intensive Land- und Forstwirtschaft betrieben. Natur ist kaum noch übrig geblieben. An diese künstliche Landschaft haben wir uns gewöhnt. Richtige Natur dagegen empfinden manche Menschen als zu verwildert, zu ungeregelt und sogar bedrohlich.

„Verwildert" sieht es auch dort aus, wo Biber arbeiten. Dabei ist Wildnis im Biberrevier völlig normal und natürlich. Denn Biber gibt es bei uns seit Millionen von Jahren, und seitdem haben sie immer und überall Dämme und Burgen gebaut, Gewässer aufgestaut und Bäume gefällt. Wir kennen das nur nicht mehr, weil der Biber lange Zeit fast ausgerottet war.

Überall, wo Biber tätig sind, entstehen in der Landschaft also Natur-Inseln. Renaturierung nennt man diesen Vorgang. Biber machen Bäche wieder so breit, wie sie früher einmal waren, leiten sie um, stauen sie auf und fällen Bäume, sodass wieder mehr Licht auf Wasser und Ufer fallen kann.

Sogar in Tälern, die entwässert und mit unnatürlich düsteren Fichtenforsten zugepflanzt wurden, bringen Biber Natur zurück. Durch ihre Dämme wird es dort wieder so nass, wie es von Natur aus eben ist. Die Fichten sterben ab, und die ursprünglich hier wachsenden Weidensträucher, Pappel- und Erlenbäume kommen zurück. Dazwischen entstehen auch offene, sonnige Flächen, die wir „Biberwiesen" nennen.

Durch seine Dämme sorgt der Biber dafür, dass Lebensräume an Gewässern vielfältig bleiben

Künstliche Biberdämme

Um wieder Lebensraum für Lachse und Forellen zu schaffen, haben Menschen in Nordamerika Biberdämme sogar künstlich nachgebaut. Da wäre es doch viel klüger gewesen, den Biber erst gar nicht auszurotten!

Wo Biber Bäche und Ufer in unserer Landschaft wieder ursprünglich gestalten, kehren auch seltene Pflanzen und Tiere zurück. Die Bibertäler wirken wie bequeme Wege, auf denen Tiere wandern und sich ausbreiten können. Dazu mehr auf den nächsten Seiten.

Biber schaffen es also, Natur zu erhalten oder sogar zu reparieren. Wir Menschen wollen heute wieder mehr Natur und Wildnis haben. Die Biber finden das gut. Und sie helfen uns sogar tatkräftig und kostenlos dabei, dass wir das auch schaffen.

Im Biberrevier ist mehr los!

Viele unserer Bäche und Flüsse bieten heute ein trauriges Bild: begradigt und tief eingegraben oder sogar in ein enges Betonbett gequetscht. An den steilen Ufern kaum ein Strauch oder Baum, direkt daneben riesige Äcker oder Grasflächen. Kein guter Platz für Tiere!

Wo Biber sich austoben dürfen, ändert sich das Bild grundlegend. Ihre Dämme, Burgen, Röhren und die vielen abgenagten Äste schaffen neuen Lebensraum. In flachen Biberseen siedeln sich wie auf ein Kommando viel mehr Libellen, Frösche, Molche und Fische an, als vorher dort leben konnten.

Aber nicht nur Wasserbewohner finden den Biber gut. Das gestaute Wasser lässt rund um die Biberteiche Feuchtgebiete mit üppigem Pflanzenwuchs entstehen. Dort gibt es außer für Amphibien, die Wasser *und* Land brauchen, auch für Blütenbesucher wie Schmetterlinge, Bienen und Schwebfliegen genug Nahrung. Hasen, Rehe und Hirsche können gut versteckt von schmackhaften Kräutern und jungen Trieben naschen. Auf umgekippten Bäumen sonnen sich Libellen, Eidechsen und Schlangen. Und nachts schnappen sich Fledermäuse viele Insekten, die über das warme Wasser der Biberteiche flattern und surren.

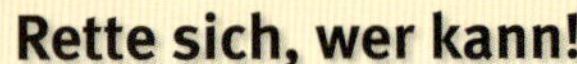

Rette sich, wer kann!

In kleinen Bächen, die nicht immer Wasser führen, sind Biberteiche lebenswichtig. Wenn in trockenen Sommern das Wasser versiegt, sitzen Fische, Krebse, Frösche und Molche wie dieser Bergmolch auf dem Trockenen. Es sei denn, sie haben das Glück, einen Biberteich zu finden. Dorthin können sie sich retten, bis Niederschläge das Bachbett wieder füllen.

Diese vom Biber mitgestaltete Landschaft in Kanada bietet nicht nur ihm selbst, sondern auch unzähligen weiteren Tieren und Pflanzen einen idealen Lebensraum

Vielen Tieren bekommen die Biber besonders gut: Der bunte Eisvogel etwa fliegt fast an jedem Bibersee, denn dort findet er massenhaft kleine Fische und oft auch ideale Brutplätze. Grasfrösche siedeln sich in den flachen Biberteichen flugs und in großer Zahl an. Dort schaffen es besonders viele ihrer Kaulquappen bis zum fertigen Frosch. Werden die Biberdämme dagegen entfernt, ist es schnell wieder vorbei mit dem reichen Tierleben.

Sogar wenn am Biberbach Bäume „zu nasse Füße“ bekommen und absterben, bringt das Vorteile für die Tiere. Spechte finden im morschen Holz leicht Insektenlarven und zimmern besonders viele Höhlen. Dort können dann Fledermäuse, Meisen, Stare und andere Höhlenbrüter einziehen, manchmal sogar Eulen und Enten.

Wo Biber arbeiten, gibt es mehr Nahrung für viel mehr Kleintiere. Klar, dass diese dann wiederum das Interesse größerer Tiere wecken. Greifvögel und Reiher, Fuchs und Iltis und sogar der seltene Fischotter machen fette Beute im Biberrevier. Fressen und gefressen werden – auch das gehört zur Natur!

Eisvogel

Zwergtaucher

Laubfrosch

Schwertlilie

Gäste und Nachmieter willkommen

„Gemütliches Häuschen direkt am Ufer, unverbauter Seeblick, große Sonnenterasse, eigene Wasserversorgung, und das alles kostenlos!“ So ähnlich könnte eine Biberburg im Urlaubskatalog beschrieben werden. Tatsächlich gibt es jede Menge Gäste, die sich im Biberbau wohl fühlen.

Sicherer Unterschlupf ist für sehr viele Tiere lebensnotwendig. Stabile Biberburgen und trockene Erdbaue sind deshalb heiß begehrt. Häufig haben Biber darum andere Nagetiere als Mitbewohner. Maus, Ratte und Bisam werden im Bau problemlos geduldet. Im „Dachgeschoss“ finden Zaunkönig, Bachstelze und Gebirgsstelze gut versteckte Brutplätze.

In vielfacher Weise profitieren Kriechtiere (Reptilien) von Biberburgen. Eidechsen, Schlangen und Wasserschildkröten finden dort geschützte Plätze zum Sonnenbaden, warme Eiablagestellen, viele Insekten und andere Kleintiere als Nahrung. Und das ganze Jahr über Unterschlupf, auch zum frostfreien Überwintern.

Vom Reichtum an Pflanzen und vor allem Insekten im Biberrevier profitieren viele Vögel

Brutplatz auf dem Dach

In Kanada bauen Wildgänse ihre Nester gerne auf Biberburgen. Etwa wegen der guten Aussicht? Nein! Um die warmen Burgen herum tauen im Frühjahr Eis und Schnee schneller weg, die Gänse finden deshalb eher Nahrung und können früher zu brüten beginnen.

Genauso verbringen Frösche und Molche den Winter gerne in Biberbauten. Von dort sind es außerdem im Frühling nur ein paar Meter zum idealen Laichplatz: Das Wasser um die Biberbaue erwärmt sich schnell, und das viele Astwerk im Wasser bietet den Eiern und Larven der Amphibien besten Schutz.

Auch Fische haben gut lachen, wenn sie eine Biberburg als Unterschlupf finden. Denn im dichten Gewirr aus Ästen sind sie absolut sicher vor großen Raubfischen, Reihern, Kormoranen und anderen hungrigen Wasservögeln. Und vor Nachbar Fischotter. Ihm erging es früher nicht besser als dem Biber. Auch er galt als Fischdieb und wurde vielerorts ausgerottet. Dass er heute ganz allmählich in unsere Bäche, Flüsse und Seen zurückkehren kann, verdankt er auch dem Biber. Forscher haben festgestellt, dass er dem Biber sozusagen hinterherschwimmt: Wo Biber bauen, graben und stauen, finden Fischotter weit besseren Unterschlupf und viel mehr Beute.

Für die meisten Tiere bieten Biberbaue auch dann noch jahrelang Schutz, wenn die Biber weggezogen sind. „Nachmieter" finden sich selbst in Biberburgen ein, die schon baufällig werden, weil sie ja nicht mehr instandgehalten werden.

Der seltene Fischotter findet im Biberrevier Unterschlupf und viel leckere Beute

Die Sumpfschildkröte sonnt sich gerne auf der Biberburg

Eine Biberburg bietet vielen Tieren Unterschlupf

Bachstelzen brüten mit Vorliebe im „Obergeschoss" der Biberburg

Weil der Mensch die Landschaft zubaut, kommt es öfter zu Überschwemmungen. Biberteiche können dann Wasser aufnehmen und so dabei helfen, die Schäden geringer zu halten.

Wasserwart und Umwelttechniker

Wenn es stärker oder länger regnet, schwellen unsere Bäche und Flüsse stark an und treten über die Ufer, es entsteht ein Hochwasser. Das ist eigentlich völlig natürlich. Aber wir Menschen haben inzwischen viele Flächen zugebaut, gepflastert oder betoniert, sodass dort kaum noch Wasser versickern kann. Es fließt jetzt an der Oberfläche und viel schneller ab als früher. Deshalb kommt es immer öfter zu Überschwemmungen, die große Schäden verursachen oder sogar Katastrophen auslösen. Dämme helfen dabei, das Wasser zurückzuhalten. Auch Biberdämme stauen oft große Teiche auf, in die jede Menge Wasser hineinpasst. So helfen Biber mit, Hochwasserschäden zu verringern.

In Biberteichen verdunstet ein Teil des zurückgehaltenen Wassers und verbessert das Ortsklima. Ein weiterer Teil versickert und füllt damit das Grundwasser auf, aus dem die meisten Dörfer und Städte ihr lebensnotwendiges Trinkwasser gewinnen. Das ist gerade in Trockenzeiten wichtig, wie wir sie in den vergangenen Jahren leider immer öfter erleben.

Biberdämme halten aber nicht nur Wasser auf. Weil das Wasser im Biberteich abgebremst wird, verliert es die nötige Kraft, um Material weitertransportieren zu können. Deshalb landet alles, was vom Bach oder Fluss mitgeschwemmt wird, vor den Biberdämmen. Das ist eine ganze Menge: Äste und Laub, abgeschwemmte Erde, Abwasser von Straßen und aus Ortschaften – und leider auch viel zu viel Müll und Unrat, den unvernünftige Menschen in die Landschaft geworfen haben.

In diese große Fläche vor dem Biberdamm kann bei einer Überschwemmung jede Menge Wasser strömen

Der Biber auf dem Dach

Die unverwechselbare Form des Biberschwanzes, der Kelle, hat einem bestimmten Typ Dachziegel den Namen gegeben: Biberschwanz-Dachziegel.

Wo Biber Dämme bauen, sorgen sie für sauberes Wasser

Vierbeinige Abfallverwerter

Bibern ist es ziemlich egal, womit sie bauen. Wundere dich deshalb nicht, wenn Du Dämme und Burgen findest, die mit Brettern, Kunststoffplatten, Eimern, Flaschen oder sogar altem Spielzeug „dekoriert" sind.

Trotz moderner Kläranlagen sind immer noch viele Gewässer stark verschmutzt. Vor allem durch Dünger und Umweltgifte wie Insektenvernichtungsmittel, die von Äckern und Wiesen direkt in Bäche und Flüsse gelangen.

Biberteiche bremsen den Wasserfluss, sodass Feinmaterial und Schwebstoffe nicht mehr weitergetragen werden, sondern absinken können. Auf diese Weise bleiben große Mengen an Stoffen im Biberteich zurück. Nährstoffe werden von den Pflanzen im und um den Biberteich aufgenommen, sie wachsen deshalb besonders üppig und dicht. Davon profitieren in der Nahrungskette dann auch sehr viele Tiere.

Nicht verbrauchte Stoffe setzen sich im Schlamm ab und werden damit für lange Zeit aus dem Verkehr gezogen, also unschädlich gemacht. Durch beide Vorgänge wird das Wasser gereinigt und sauerstoffreicher, sodass unterhalb des Biberteiches zum Beispiel auch Bachforellen leben können. Dir gefällt ein klarer, sauberer Bach ja sicher auch viel besser ...

Viel wichtiger als ihr Pelz ...

Biologen bezeichnen den Biber als Schlüsselart, weil er sozusagen die Tür öffnet für eine ganze Menge anderer Tierarten, die sonst nicht rein könnten. Die zuvor „geschlossene Tür" darfst Du natürlich nicht zu wörtlich nehmen. Sie besteht aus vielen Veränderungen, die wir Menschen an den Gewässern angerichtet haben. Erst wenn diese Schäden wieder einigermaßen repariert sind, können anspruchsvolle Tiere wieder „reinkommen", also zurückkehren in unsere Bäche und Flüsse.

Genau für diese Reparaturarbeiten sind Biber besonders wichtig. Ständig und überall packen sie die Aufgabe an. Und sie hören erst auf zu schaffen, wenn sie sich wohl und sicher fühlen. Wenn ihr Gewässer also groß genug, tief genug und so verzweigt ist, dass sie stets an genügend Nahrung herankommen können.

So haben es Biber schon immer gemacht. Seit Millionen von Jahren und fast überall auf der Nordhälfte der Erde. Vom Bergland bis hinunter zu den Flussmündungen ins Meer, vom Mittelmeer bis über den Polarkreis. Biberdämme, Biberteiche, Biberburgen und Biberwiesen waren also etwas völlig Normales. Alle anderen Bewohner von Gewässern mussten damit zurechtkommen. Das haben sie im Lauf der Zeit auch gelernt, denn sonst gäbe es sie ja heute nicht mehr. Wahrscheinlich haben sich die Mitbewohner in Bach und Fluss sogar so sehr an den Biber und die durch ihn geschaffenen Lebensräume angepasst, dass seine Ausrottung ein riesiges Problem für sie war. Anders ist es nicht zu erklären, dass das Wasserleben überall dort schnell aufblüht, wo Biber wieder zurückkommen und bauen dürfen.

Du hast in diesem Band aus der „Reihe mit der Eule" erfahren, dass der Biber nicht nur für Pflanzen und wilde Tiere von Vorteil ist. Auch wir Menschen profitieren in vielfältiger Weise von seiner Arbeit. Durch saubere, natürlichere Bäche, durch mehr Grundwasser, weniger Hochwasser und auch durch viel abwechslungsreichere, wildere Auentäler und Bäche, wo Kinder tolle Abenteuer-Spielplätze finden und Erwachsene sich von der stressigen Arbeit in lauten Städten und stickigen Büros erholen können. Das alles schaffen die Biber, ohne jemals darüber nachzudenken, einfach instinktiv und nebenbei.

Sie schaffen es zumindest dort, wo die Gewässer nicht zu groß, zu sehr zerstört oder zu verschmutzt sind. Dort stoßen auch Biber schnell an ihre Grenzen. Dann müssen schon wir selbst unsere früheren Sünden wieder in Ordnung bringen.

In einem natürlichen, vom Biber mitgestalteten Bach lässt es sich prima spielen!

Nachbar Biber – Dein Freund und Helfer

Wenn Du mal über einen breiten Bach oder durch einen unwegsamen Sumpf musst, was tun? Schwimmen? Waten? Robben? Nein – einfach Ausschau halten nach einem Biberdamm! Denn Biberdämme sind meistens so stabil, dass sogar Erwachsene problemlos darüber hinweglaufen können. Sicher hat das auch den Urmenschen so manchen mühsamen Umweg erspart.

Für unsere Urahnen in der Steinzeit war es lebenswichtig, jeden Tag genügend Essbares zu finden, im Sommer wie im Winter. Besonders gern aßen sie Fische. Aber die lassen sich nur schwer kriegen! Am einfachsten hatten es Menschen, die neben Biberteichen wohnten. Die sind oft voller dicker Fische. Ein großes Loch in den Biberdamm gegraben – und schon floss das Wasser ab. Nun lagen Hecht, Barsch und Forelle auf dem Trockenen und brauchten nur noch eingesammelt zu werden.

Mensch und Biber können beim Gestalten der Natur beste Nachbarn, ja sogar Partner sein!

Biber verbauen längst nicht alles Holz, das sie fällen. Oft nagen sie einfach die Rinde ab und lassen den Rest liegen. Dieses Holz trocknet besonders schnell und brennt gut. Das ideale Brennholz also, in großer Menge zu finden in jedem Biberrevier. Bevor scharfe Metallbeile und Sägen erfunden waren, muss dieser Service der Biber eine große Erleichterung gewesen sein.

So manches Stück Holz war sogar zu schade zum Verbrennen. Denn oft bearbeiten Biber Bäume und Äste sehr sauber und zerbeißen sie in armlange bis mannshohe Stücke. Sind diese Stücke einigermaßen gerade, eignen sie sich gut zum Zaunbau, als Wanderstock, Speer oder auch zum Bau von Hütten.

Für unsere Vorfahren war es also wertvoll, Biber als Nachbarn zu haben. So wertvoll, dass Indianerstämme Nordamerikas den Biber noch heute „Kleiner Bruder“ nennen.

Aus Biberteichen lassen sich schmackhafte Fische fangen

Viele Indianerstämme Nordamerikas hatten zum Biber eine besondere Beziehung. Hier siehst Du eine Biberdarstellung auf einem sogenannten Totempfahl.

Blätter und Rinde von Weidenzweigen lässt sich Meister Bockert hier schmecken

Weiden pflanzen wie ein Biber

Weiden wachsen weiter, wenn sie abgeschnitten wurden. Das kannst Du selbst ganz leicht ausprobieren: Einfach im Februar ein paar Weidenzweige abzwicken und in feuchte Erde stecken. Du wirst sehen: Wurzeln und Blätter treiben aus, ein neuer Strauch kann entstehen.

Vom Biber abgeschaut

Die Ruten der Weide werden gerne zum Flechten beispielsweise von Körben genutzt

Sträucher und Bäume an Flüssen haben es schwer. Immer wieder zerrt Hochwasser an ihren Stämmen und Zweigen und unterspült ihr Wurzelwerk. Viele Äste werden dabei abgerissen und nicht selten ganze Bäume weggespült. Und dazu kamen auch noch die Biber, die jahrein, jahraus an den Ufergehölzen geknabbert oder diese gleich ganz umgebissen haben.

Unsere häufigsten Ufergehölze, die Weiden, konnten diese Probleme auf geniale Weise lösen: Sie werfen Zweige notfalls einfach ab („Bruchweide“) oder wachsen wieder nach, wenn sie abgebissen werden. Und das Beste daran: Abgebissene oder abgebrochene Stamm- und Zweigstücke können auf feuchtem Boden wieder Wurzeln treiben. Wenn Biber also Weiden abfressen oder fällen, schaden sie ihnen nicht nur. Denn immer lassen Biber irgendwo Reste zurück, die neue Bäume, Büsche oder ganze Ufergebüsche bilden können. Auf diese Weide tragen Biber sogar zur Ausbreitung von Ufergehölzen bei.

Wenn Weidenbüsche abgebissen werden, treiben sie also wieder aus. Dabei entstehen Zweige, sogenannte Ruten, die besonders lang, gerade und biegsam sind – das ideale Material zum Flechten. Flechtwerk war für unsere Vorfahren extrem wichtig: Unterschiedlichste Gefäße zum Sammeln, Transportieren und Aufbewahren flochten sie, dazu Bienenkörbe, Fischreusen, Zäune, Flechtwände und vieles mehr. Und meistens wurden dazu Weidenaustriebe verwendet. Eine Weidenart trägt daher sogar den Namen Korbweide, und das Korbflechten war ein eigenes, angesehenes Handwerk.

Um leichter an flechtbare Ruten heranzukommen, haben Menschen nachgeahmt, was Biber ihnen vormachten: Weidenbüsche wurden jährlich geschnitten. Um noch mehr Flechtmaterial zu erhalten, wurden entlang von Gewässern Weidengebüsche gezielt gepflanzt oder gesteckt. Oft kannst Du solche Korbweiden noch heute an Gräben entdecken, meistens in Siedlungsnähe. Mancherorts werden ganze Kulturen von Weidenbüschen künstlich angelegt und genutzt, so auf der Insel Madeira im Atlantik, westlich von Nordafrika.

Über dieses Beispiel hinaus gibt es viele weitere menschliche Tätigkeiten, die so ähnlich auch von Bibern beherrscht werden. Ob Menschen auch den Bau von dichten Dämmen oder von Gräben den Bibern abgeschaut haben? Möglich wäre es schon.

Selbst aus kleinen Zweigstücken kann rasch wieder ein dichter Bestand an Weiden heranwachsen

Unternbibert
Gemeinde Rügland
Kreis Ansbach

Stadt, Land, Fluss

Überall, wo es Wasser gibt, findest Du auch Orte, Bäche und Flüsse mit dem Biber im Namen, wie Biberach, Groß-Biberau und Unternbibert. Auch die Namen Bever, Bibra, Biewerbach und Bobeck deuten auf unseren Meister Bockert hin.

Warum ist das wohl so? Haben die Menschen früher keine passenderen Namen für ihre Dörfer gefunden? Wie Du auf den vorhergehenden Seiten gelesen hast, waren Biber für die Menschen früher enorm wichtig: als Dammbauer, Fischzüchter, Holzfäller, Bau- und Brennholzlieferant sowie als Beute zum Essen und um ihr Fell zu verwerten.

Etliche Orte, Bäche und Flüsse sind nach dem Biber benannt

Vor allem waren die Menschen erstaunt, wie fleißig und zielstrebig Biber arbeiten, dass sie allein mit ihren Zähnen so mächtige Bäume fällen, so große Burgen und so breite Dämme bauen können. Dass sie also scheinbar ganz locker Arbeiten leisten, die für unsere Vorfahren vor der Erfindung von Motorsäge und Bagger höchstens sehr, sehr mühsam zu schaffen waren.

Das hat die Menschen so stark beeindruckt, dass sie den Biber in Hunderten von Landschafts- und Ortsnamen verewigt haben. Noch heute können wir anhand dieser Namen nachvollziehen, wo früher Biber vorgekommen sind: nämlich fast überall, bis in den letzten Winkel Europas und Nordamerikas.

Biber hatten für unsere Vorfahren eine enorme Bedeutung

Tierische Namen

Namen von Dörfern, Städten und Landschaften verraten Dir oft viel über die Tiere, die dort früher gelebt haben: Wolfenbüttel, Ravensburg (von Rabe), Hirschau, Otterndorf, Schlangenbad, Dachsenberg und so weiter. Übrigens hat auch der Name der deutschen und der Schweizer Hauptstadt mit einem zotteligen Wappentier zu tun …

Pech gehabt, Meister Bockert!

Das dichte Fell des Bibers war früher sehr begehrt

Wie Du nun schon weißt, waren Biber früher fast auf der gesamten Nordhälfte der Erde richtig häufig. Natürliche Feinde hatten auf diesen großen Bestand von weit über 100 Millionen Bibern keinen Einfluss. Erst als der Mensch mit modernen Jagdwaffen und Fallen anrückte, wurde es für Meister Bockert gefährlich.

Biber waren eine begehrte Jagdbeute. Denn sie liefern viel Fleisch, das (angeblich) auch noch gut schmeckt. Verhängnisvoll war auch, dass Biber sogar in der Fastenzeit gegessen werden durften, weil sie scheinheilig zu Fisch erklärt wurden – weil sie im Wasser leben und einen schuppigen Schwanz haben.

Und noch einen Grund hatte die Jagd auf Biber: Die ölige Drüsenabsonderung, mit der Biber ihre Reviere markieren. Dieser stark riechende Stoff, auch Bibergeil genannt, galt früher als medizinisches Wundermittel. Dutzende verschiedener Krankheiten sollte er heilen. Heute weiß man, dass er eine schmerzmildernde Substanz aus der Weidennahrung der Nager enthält. Der Rest ist Aberglaube und Unsinn, genauso wie die Verwandtschaft mit Fischen.

Dem Bibergeil wurden viele medizinische Wirkungen zugeschrieben

Sehr begehrt waren früher auch Biberfelle. Die schützten im eiskalten Winter nicht nur ihre vierbeinigen Besitzer, sondern wurden auch zu warmen Pelzmänteln oder -mützen verarbeitet. Biberjäger konnten aus diesen Gründen schnell viel Geld verdienen. Deshalb sind sie Meister Bockert mit immer besseren Jagdmethoden und in immer entlegeneren Gegenden auf den Pelz gerückt. Bis sogar in der Wildnis Kanadas nur noch so wenige Biber übrig waren, dass sich die Jagd kaum mehr lohnte.

Zuvor hatten Millionen Biber durch uns Menschen ihr Leben gelassen. In den meisten Gegenden und Ländern Europas wurden sie im 19. Jahrhundert schließlich ganz ausgerottet. Nur ein kleiner Rest von rund 1 000 bis 2 000 Bibern hat verstreut über wenige Stellen in Europa überlebt. Auch der Kanadische Biber ist der Ausrottung nur knapp entgangen.

In manchen Ländern werden Biber noch heute gejagt, vor allem mit Fallen wie dieser hier

Wo Straßen die Lebensräume der Biber zerschneiden, fallen sie oft dem Verkehr zum Opfer

Wissenschaftler siedeln Biber von Sachsen in die Niederlande um, damit sie auch dort wieder heimisch werden

Zurück in der Heimat

Wir Menschen haben den Biber im wahrsten Sinne so richtig in die Pfanne gehauen und ihn dabei fast ausgerottet. In Mittel- und Westeuropa waren zum Schluss nur noch etwa 200 an der Elbe in Deutschland und 20 bis 30 an der Rhône in Frankreich übrig.

Heute schütteln wir den Kopf darüber, wie unsere Vorfahren mit großen Tieren umgegangen sind. Und über die Schauermärchen, die über sie verbreitet worden sind. Inzwischen wissen wir es aber besser und helfen diesen Tieren deshalb dabei, wieder zu uns zurückzukehren.

Im Fernsehen hast Du sicher schon erfahren, dass die Bestände vieler Tiere heute wieder zunehmen, zum Beispiel von Wildkatze, Fischotter, Seeadler und sogar Wolf.

Der erfolgreichste Rückkehrer aber ist der Biber. Naturschützer haben ihn vor rund 50 Jahren wieder angesiedelt. Lange Zeit hat es gedauert, bis sich daraus erneut ein natürlicher Bestand entwickeln konnte. Aber es hat geklappt! Heute leben in Deutschland wieder über 45 000 Biber, in Österreich etwa gut 10 000 und in der Schweiz rund 4.000.

Willkommen daheim!

Wie der Biber kehren auch viele andere Tiere nach Mitteleuropa zurück, weil sie nicht mehr verfolgt werden. Uhu, Kolkrabe und Wanderfalke waren für Deine Eltern noch große Besonderheiten – Du kannst sie heute zum Glück wieder viel öfter beobachten.

Vor allem in Bayern haben sie sich so reichlich vermehrt, dass sie manchen Landwirten und Politikern schon wieder zu viele geworden sind. Wo sie ihre Nachbarn zu sehr geärgert haben, wurden deshalb Biber eingefangen und umgesiedelt. Viele europäische Länder wollten ebenfalls wieder frei lebende Biber haben. Also wurden Biber zum Beispiel nach Belgien, Rumänien, Kroatien, Serbien und sogar nach Spanien transportiert und dort freigelassen.

Auch überall dort haben sie sich gut vermehrt und können an einen Bach und Fluss nach dem anderen zurückkehren. Heute leben wieder mindestens eineinhalb Millionen Biber in Europa. Die südlichsten davon kannst Du in Spanien und in Montenegro finden.

Die Wiederansiedlung des Bibers ist einer der größten Erfolge des Naturschutzes in Europa überhaupt. Vieles spricht dafür, dass Biber in 20, 30 Jahren in ganz Europa wieder an fast jedem Gewässer zur ganz normalen Tierwelt gehören.

Wiederansiedlungen von Bibern haben dafür gesorgt, dass diese faszinierenden Tiere bald wieder an fast jedem Gewässer leben werden

Aus Schaden wird man klug …

Hier hat eine Biberfamilie durch ihren Damm das Wasser auf das Maisfeld eines Landwirts umgeleitet

Wir Menschen haben meist ganz andere Vorstellungen von einem Gewässer als der Biber. Wir wollen die Ufer nutzen. Dazu haben wir die Bäche und Flüsse eingeengt, begradigt, kanalisiert und verbaut. Die Aue – also den Bereich, der von Fließgewässern immer wieder überflutet wird – haben wir entwässert, aufgeschüttet und zu „Kulturland“ gemacht, damit wir Mais und Rüben bis ans Ufer anbauen können. Also genau dort, wo die Biber ihren Lebensraum haben und machen, was sie zum Leben brauchen: nämlich fressen, wühlen und bauen. Das gibt dann oft genug Ärger! Landwirte klagen über in Bibermägen verschwundene Rüben, gefällte Bäume und vernässte Felder. Manchmal brechen sogar Maschinen in Biberröhren ein und werden beschädigt. Teiche und Kläranlagen werden verstopft, Dämme unterhöhlt und vieles mehr.

Wo Biber unzumutbare Schäden anrichten, dürften sie ausnahmsweise von Fachleuten getötet werden

Hier ist den Biber-Experten ein dicker Brummer ins Netz gegangen. Sein „Fehler“ war, dass er einen Weg unterhöhlt hat und damit zur Gefahr geworden ist.

Herbstklagen

„Oh je, die Biber kommen!“ Am häufigsten kannst Du solche Klagen im Herbst hören und lesen, wenn die Nager Dämme und Burgen für den Winter fit machen müssen und auch die fast erwachsenen Jungen beginnen, sich als Handwerker zu betätigen.

Vertreter der Landwirtschaft und manche Politiker sehen im Biber deshalb ein „Problemtier“, das bekämpft und wieder ausgerottet werden sollte. Von den viel größeren Vorteilen des Bibers für uns alle wollen sie nichts wissen.

Aber Ärger mit Bibern muss nicht sein. Teiche, Dämme, Mühlkanäle und Kläranlagen können wir so bauen, dass es Biber überhaupt nicht möglich ist, Schaden anzurichten. Schon ein Maschendrahtzaun, ins Ufer eingebaut, hilft zuverlässig gegen das Graben. Früher hat man das mit stabilen Ufermauern aus großen Steinen erledigt – da kommt kein Biber durch.

Am einfachsten lassen sich Bäume gegen die scharfen Biberzähne schützen: Ein festes Drahtgitter um den Stamm nimmt den Nagern jede Chance zum Anknabbern und Fällen. Der Baum wächst gut geschützt weiter.

Auch ganze Jungwälder oder Ackerkulturen an Gewässern lassen sich wirkungsvoll schützen: durch niedrige Zäune, die alle anderen Wildtiere mühelos überwinden können. Biber dagegen sind halt die denkbar schlechtesten Hochspringer ...

Eigentlich sollte es direkt am Wasser überhaupt keine Äcker geben, denn Ufer sind für den Wasserhaushalt und unser Grundwasser, das wir ja auch trinken, so bedeutend, dass sie für Kraut und Rüben viel zu schade sind. Landwirtschaft zu nahe am Ufer verschmutzt das Wasser und ist damit ein viel größeres Problem als der Biber, der dort lebt und hingehört.

Mit einfachen Maßnahmen lässt sich dafür sorgen, dass Mensch und Biber gut zusammenleben können

So findest Du Biber – oder auch nicht ...

Biber zu sehen, ist eigentlich ganz einfach. Du musst Dich nur in der Morgendämmerung, im Sommer also etwa ab 4 Uhr früh, gut versteckt an einen Fluss setzen, an dem die Tiere leben. Wenn Du dann einige Stunden mucksmäuschenstill hocken bleibst, hast Du gute Chancen, dass ein Biber vorbeikommt. Was? Keine Lust, mitten in der Nacht aufzustehen und im kalten, feuchten Morgennebel zwischen Stechmücken draußen zu frieren? Ja, dann – wird's aber schwieriger mit dem Biber-Beobachten in der Natur.

Die bequemsten Möglichkeiten, Biber überhaupt zu sehen, findest Du in Tiergärten und Freigehegen. Dort kannst Du zum Beispiel in Augsburg, Bad Kissingen, Bern, Dessau, Innsbruck, Stuttgart und Wuppertal Biber besuchen.

Auch viele Lehrpfade und Naturerlebniswege machen Meister Bockert zum Thema, so in Deutschland bei Augsburg, Bad Brückenau, Freyhung, Glauschnitz, Haselünne, Pfaffenhofen und Triesdorf, in der Schweiz bei Pfyn, Oberbüren und Rüdlingen, in Österreich im Nationalpark Donauauen.

Hast Du erst einmal ein Biberrevier gefunden, macht das Beobachten richtig Spaß! Du darfst die Tiere allerdings auf keinen Fall stören.

Aber auch in Tierparks und Zoos gibt es keine Garantie, Biber in Aktion zu sehen. Denn die meiste Zeit dösen sie, eng aneinandergekuschelt, in ihrem wohlig warmen Bau. Also ähnlich wie Du es nachts und in der Dämmerung machst, wenn Biber aktiv und unterwegs sind.

Die Tiere selbst lassen sich daher nur selten sehen, am ehesten frühmorgens oder in der Abenddämmerung. Und auch ein bisschen Glück gehört dazu, gerade zum richtigen Zeitpunkt am richtigen Ort zu sein. Trotzdem kannst Du leicht feststellen, wo sie leben. An breiten, nassen Ausstiegen und „Biberrutschen“ kannst Du sehen, dass Biber immer an den gleichen Stellen ihr Gewässer verlassen und wieder dorthin zurückkehren. Ausgetretene Biberpfade durch Wälder, Wiesen und manchmal auch durch Felder verraten Dir, wo und was die Biber gerade am liebsten fressen.

Angeknabberte Bäume, abgebissene Zweige und liegen gelassene Holzstücke zeigen zuverlässig, dass Biber in der Nähe sind. Wenn Du dann auch noch einen Biberdamm, eine Biberburg oder einen Haufen grüner Zweige im Wasser (ein Nahrungsfloß) findest, stehst du garantiert mitten in einem Biberrevier! Und kannst Dir vielleicht einen perfekt abgenagten Stock „made by beaver“, wie er auf Englisch heißt, als Souvenir mitnehmen.

Großes Biber-Quiz

Du hast nun viel über Biber gelesen und weißt sogar besser über sie Bescheid als die meisten Erwachsenen! Hast Du Lust, Dein Wissen zu testen? Ja? Dann leg los und kreuze mit einem Bleistift die Antwort an, die Du für richtig hältst. Manchmal stimmen auch mehrere oder alle Antworten. Die Lösungen findest Du auf Seite 64. Viel Spaß dabei!

1. Zu welcher Tiergruppe gehören Biber?
- a) Fische ❍
- b) Robben ❍
- c) Nagetiere ❍

2. Wie viele Biberarten gibt es auf der Erde?
- a) zwei ❍
- b) drei ❍
- c) acht ❍

3. Wie ernähren sich Biber?
- a) Biber sind Allesfresser ❍
- b) Biber jagen Fische und Krebse ❍
- c) Biber ernähren sich ausschließlich von Pflanzen und Pflanzenteilen ❍

4. In welchen Gewässern leben Biber?
- a) in Bächen und Flüssen ❍
- b) in Seen und Teichen ❍
- c) in Schiffskanälen ❍

5. Leben Biber in Rudeln?
- a) Biber leben meistens in Familien ❍
- b) Viele Biber leben auch alleine ❍
- c) Biber bilden große Herden, die von Fluss zu Fluss wandern ❍

6. Wo bringen Biber ihre Jungen zur Welt?
- a) in Baumhöhlen ❍
- b) in selbst gegrabenen Röhren am Flussufer ❍
- c) in Biberburgen aus Ästen und Schlamm ❍

7. Wie verbringen Biber ihre erste Zeit?
- a) Sie bleiben zwei Jahre bei ihren Eltern ❍
- b) Sie müssen sich schon als Baby ein eigenes Revier suchen ❍
- c) Sie lernen allmählich das Baumfällen und Dämmebauen ❍

8. Welche natürlichen Feinde haben Biber?
- a) Amsel, Drossel, Fink und Star ❍
- b) Bär, Wolf und Luchs ❍
- c) Hecht und Wels ❍

9. In welchen Erdteilen gibt es Biber?
- a) Asien ❍
- b) Europa ❍
- c) Nordamerika ❍

10. Warum sind Biber auf der Erde so weit verbreitet?
- a) Sie können quer durch die Ozeane schwimmen ❍
- b) Sie sind besonders anpassungsfähig ❍
- c) Ihre Burgen kühlen im Sommer und wärmen im Winter ❍

11. Was können Biber besonders gut?
- a) Gewässer aufstauen ❍
- b) tauchen ❍
- c) schwimmen ❍

12. Wie groß können Biberdämme werden?
- a) Bis 3 Meter hoch ❍
- b) bis 10 Meter lang ❍
- c) bis über 100 Meter lang ❍

13. Wie schaffen es Biber, im kalten Winter zu überleben?

a) durch ihr besonders dickes, wärmendes Fell ❍
b) die Burgen sind gut isoliert, es kann kaum Frost eindringen ❍
c) die ganze Familie kuschelt sich in der warmen Burg eng zusammen ❍

14. Warum sind Biber meistens nur nachts aktiv?

a) weil es ihnen am Tag zu laut ist ❍
b) weil sie nachts besonders gut sehen können ❍
c) weil sie immer noch von Menschen verfolgt werden und sich deshalb nachts sicherer fühlen ❍

15. Welche Tiere profitieren, wenn Biber in unsere Landschaft zurückkehren?

a) Fische und Frösche ❍
b) Spechte und Enten ❍
c) Libellen ❍

16. Wie helfen Biber uns Menschen?

a) Biber halten die Gewässer frei von Unrat und Müll ❍
b) Biberteiche filtern Nähr- und Schadstoffe aus dem Wasser ❍
c) Biberdämme können viel Wasser zurückhalten ❍
d) Biber gestalten unsere Gewässer wieder natürlicher ❍

17. Warum wurden Biber in Deutschland fast ausgerottet?

a) Weil ihr dichtes Fell zu warmer Kleidung verarbeitet werden kann ❍
b) Weil sie den Menschen Enten und Fische geklaut haben ❍
c) Weil sie als Fische galten und deshalb in der Fastenzeit gegessen werden durften ❍
d) Weil sie ein Sekret bilden, dem Heilkräfte zugesprochen wurden ❍

18. Warum ärgern sich Menschen immer wieder über Biber?

a) Biber können Wege und Straßen unterhöhlen ❍
b) Biberdämme können Wiesen und Felder unter Wasser setzen ❍
c) Sie fällen Bäume und fressen Feldfrüchte, die wir Menschen gerne selbst ernten würden ❍
d) Biber machen beim Nagen und Fällen so viel Lärm, dass die Nachbarn nicht schlafen können ❍

19. Was können wir gegen Schäden durch Biber tun?

a) Bäume gegen das Verbeißen schützen ❍
b) Äcker nicht direkt am Ufer anlegen ❍
c) den Gewässern mehr Platz geben ❍
d) über den Biber schimpfen und weitermachen wie bisher ❍

20. Was konnten unsere Vorfahren mit Zweigen aus dem Biberrevier herstellen?

a) Pfeile und Speere ❍
b) Körbe und Reusen ❍
c) Zäune und Flechtwände ❍
d) Liegestühle und Sonnenschirme ❍

Lösungen zum Biber-Quiz

1) c: Biber gehören zu den Nagetieren.

2) a: Es gibt zwei, nämlich den Europäischen und den Amerikanischen oder Kanadischen Biber.

3) c: Biber sind reine Pflanzenfresser.

4) a, b und c: Biber bewohnen sehr unterschiedliche Gewässer.

5) a und b: Biber leben meistens in Familien. Wenn sie die Familie verlassen, leben sie allein, bis sie einen Partner oder eine Partnerin gefunden haben.

6) b und c: Junge Biber kommen immer im sicheren Schutz von Biberburgen oder selbst gegrabenen Röhren zur Welt.

7) a und c: Junge Biber lernen alles von ihren Eltern und Geschwistern, was sie zum Leben brauchen. Nach zwei Jahren heißt es dann: „Tschüß! Eigenes Revier suchen!“

8) b und c: Nur besonders starke Tiere wie Wolf, Bär und Luchs können Biber erlegen. Selten gelingt es einem großen Raubfisch, einen Jungbiber zu erwischen.

9) a, b und c: Biber leben natürlicherweise in Europa, Asien und Nordamerika. In Südamerika wurden sie nur von Menschen als Jagdbeute ausgesetzt.

10) b und c: Biber schaffen sich ihren eigenen Lebensraum und eine warme Wohnstube, deshalb sind sie an unterschiedlichste Bedingungen angepasst.

11) a, b und c: Biber schwimmen und tauchen gut. Wenn es sein muss, stauen sie dazu auch Gewässer selbst auf.

12) a und c: Biberdämme werden bis 3 Meter hoch und über 100 Meter lang.

13) a, b und c: Biber bauen warme Burgen, wo sie zusammen kuscheln. Draußen in Nässe und Wind wärmt sie ihr dichter Pelz.

14) c: Biber sind weder lärm-, noch lichtempfindlich. Nur wo sie nicht gejagt werden, verlieren viele ihre Scheu, und Du kannst sie auch am helllichten Tag beobachten.

15) a, b und c: Fast alle Tiere, die im oder nahe am Wasser leben, profitieren von Bibern.

16) b bis d: Biber sind wichtige Helfer im Natur-, Gewässer- und Hochwasserschutz. Vom vielen Müll, den wir in Gewässer kippen, bauen sie nur gelegentlich passende Teile in ihre Dämme ein.

17) a, c und d: Biber wurden von scheinheiligen Menschen als „Fische“ angesehen, damit sie in der Fastenzeit gegessen werden durften. Begehrt waren auch ihr dichtes Fell und ihr Drüsensekret.

18) a bis c: Wenn Biber nachts Baum fällen, ist das nur selten zu hören. Was Menschen aber sehr stört, sind Schäden durch Biber: Wenn Röhren einbrechen, Bäume angenagt, Mais und Rüben gefressen oder Nutzflächen zu Wasserflächen werden. Und es gefällt auch nicht allen, wenn die aufgeräumte Kulturlandschaft durch die Biber ein wenig „verwildert“.

19) a bis c: Nur Schimpfen hilft gegen Biber überhaupt nicht. Wir sollten ihm besser mehr Platz an den Gewässern lassen und Bäume, Äcker und Dämme schützen.

20) a bis c: Zeit zum Faulenzen und Sonnenbaden hatten die Steinzeitmenschen vermutlich nicht. Wahrscheinlich wurde jede Stunde und jeder Tag gebraucht, um genügend Nahrung und Brennholz heranzuschaffen.